Mensagens
para Datas
Comemorativas

RÁDIOS • ESCOLAS • COMUNIDADES

Luizinho Bastos

Mensagens para Datas Comemorativas

RÁDIOS • ESCOLAS • COMUNIDADES

Dados Internacionais de Catalogação na Publicação (CIP)

(Câmara Brasileira do Livro, SP, Brasil)

Mensagens para datas comemorativas : rádios, escolas, comunidades – / Luizinho Bastos. – São Paulo : Paulinas, 2010. – (Coleção amor e amor)

Inclui CD.
ISBN 978-85-356-2641-4

1. Datas Especiais   I. Título.   II. Série

10-04304   CDD-398.236

Índice para catálogo sistemático
1. Datas comemorativas : Costumes   398.236

1ª edição

Ficha técnica – Livro

Direção-geral: *Flávia Reginatto*
Editora responsável: *Noemi Dariva*
Revisão: *Leonilda Menossi*
Direção de arte: *Irma Cipriani*
Assistente de arte *Sandra Braga*
Gerente de produção: *Felício Calegaro Neto*
Capa e editoração: *Manuel Rebelato Miramontes*

Ficha técnica – CD

Produção fonográfica: Paulinas-COMEP
Coordenação de produção: Eliane De Prá
Locuções: Cidinha Fernandes e Gilson Dutra
Gravação e mixagem: Silvano Cunha
Assistente de estúdio: Vanderlei Pena
Masterização: Estúdios Guidon

Paulinas Editora

Rua Dona Inácia Uchoa, 62
04110-020 – São Paulo – SP (Brasil)
Tel.: (11) 2125-3500
http://www.paulinas.org.br – editora@paulinas.com.br
Telemarketing e SAC: 0800-7010081

© Pia Sociedade Filhas de São Paulo –
São Paulo, 2010

Paulinas Rádio

Instituto Alberione
Rua Dona Inácia Uchoa, 62 – Bl. A, 5º andar
Vila Mariana – Telefax: (11) 2125-3595
04110-020 – São Paulo – SP
E-mail: radio@paulinas.com.br

Sumário

1 de janeiro – Confraternização Universal dos Povos
e Dia Mundial da Paz (CD Faixa 1 – 1'16").............................. 10

16 de fevereiro – Dia do Repórter (CD Faixa 2 – 1'31") 11

7 de março – Dia mundial da Oração (CD Faixa 3 – 2'55") 12

8 de março – Dia Internacional da Mulher (CD Faixa 4 – 3'06").....14

12 de março – Dia Nacional da Biblioteca –
Dia do Bibliotecário – Dia da Escola (CD Faixa 5 – 1'24")......... 16

30 de março – Dia Mundial da Juventude (CD Faixa 6 – 2'36") 18

7 de abril – Dia do Jornalismo (CD Faixa 7 – 1'23").......................20

22 de abril – Dia do Descobrimento do Brasil (CD Faixa 8 – 5'08") 21

1 de maio – Dia do Trabalhador (CD Faixa 9 – 1'46") 26

10 de maio – Dia da Cozinheira (CD Faixa 10 – 1'47") 28

15 de maio – Dia Internacional da Família (CD Faixa 11 – 2'23") ...30

16 de maio – Dia do Gari (CD Faixa 12 – 1'20") 32

10 de junho – Dia da Língua Portuguesa (CD Faixa 13 – 3'19") 34

12 de junho – Dia dos Namorados (CD Faixa 14 – 2'04") 36

20 de julho – Dia Internacional da Amizade (CD Faixa 15 – 2'13"). 37

26 de julho – Dia dos Avós (CD Faixa 16 – 1'38") 38

31 de agosto – Dia do Catequista (CD Faixa 17 – 1'32") 39

7 de setembro – Dia da Pátria – Independência do Brasil
(CD Faixa 18 – 1'40")..40

21 de setembro – Dia da Árvore (CD Faixa 19 – 1'41") 42

21 de setembro – Dia Internacional da Paz
(das Nações Unidas) (CD Faixa 20 – 1'55") 44

27 de setembro – Dia Internacional do Idoso (CD Faixa 21 – 3'28") 46

12 de outubro – Dia da Criança (CD Faixa 22 – 2'17")......................48

12 de outubro – Dia do "Descobrimento" da América
(CD Faixa 23 – 4'43")...50

18 de outubro – Dia do Médico (CD Faixa 24 – 1'26").....................54

22 de outubro – Dia das Missões (CD Faixa 25 – 1'57")..................56

31 de outubro – Dia da Dona de Casa (CD Faixa 26 – 3'15")...........58

2 de novembro – Dia de Finados (CD Faixa 27 – 1'39")...................62

7 de novembro – Dia do Radialista (CD Faixa 28 – 1'39")...............64

5 de dezembro – Dia Nacional da Pastoral da Criança
(CD Faixa 29 – 1'47")...66

Especial – Bodas de Ouro de casamento (CD Faixa 30 – 1'54")......68

Apresentação

Nesse ano de 2010, estou comemorando 20 anos de literatura, sendo que minha carreira literária teve início em 1990 quando publiquei meu primeiro livro e continuei publicando em todos os anos seguintes. No decorrer dessa trajetória, tive a grande oportunidade de iniciar como *free-lance* a produção de textos, mensagens, orações e pensamentos para a Editora Paulinas. Anos depois, muitos outros textos foram produzidos. Hoje somam-se mais de 60 textos entre poemas, mensagens e orações.

Todas essas produções aconteceram também porque sempre tive uma grande identificação com a Editora Paulinas, que me acolheu, me prestigiou e me ofereceu espaços e oportunidades para me aperfeiçoar como escritor e me lançar no mercado editorial.

Por essas razões especiais, estou apresentando em formato de livro/CD uma seleção de textos, poemas, mensagens e orações que enfocam algumas datas comemorativas e religiosas, que devem ser celebradas com fé, amor, alegria, motivação, esperança, emoção e grande felicidade.

A finalidade desse livro/CD é que ele possa ser útil em programas de rádio, escolas e também comunidades. Os textos elaborados, totalmente inéditos, correspondem a diversas datas comemorativas de janeiro a dezembro, ou seja, durante o ano todo.

É importante destacar que essas mensagens podem repercutir com expressivo sucesso tanto em produções literárias como em programas radiofônicos, pois o público-leitor-ouvinte aprecia e carece muito de textos que, acima de tudo, resgatam os valores e os momentos felizes da vida.

De coração, agradeço pela nova oportunidade, na esperança de continuar produzindo e conquistando novos espaços em minha carreira literária.

Luizinho Bastos

1º DE JANEIRO

Confraternização Universal dos Povos e Dia Mundial da Paz

(Faixa 1 – Voz masculina – 1'16'')

Fundo Musical: Fim de ano – Faixa 16 BRCMP1000057, do CD *Clássicos Natalinos* – Orquestrado – DR.

PAZ E FRATERNIDADE!

"Adeus, Ano Velho, Feliz Ano Novo..."
Canta-se na passagem de ano
entre sorrisos, lágrimas, abraços,
brindes, queima de fogos...
Em todo o Planeta há uma celebração especial:
a Confraternização Universal!

Não importa a raça, nem a religião,
seja no Ocidente ou no Oriente,
em todos os continentes,
etnias e culturas se unem
para festejar a igualdade e a fraternidade.

Quiséramos, no limiar de cada ano,
superar as barreiras, os preconceitos
e cruzar todas as fronteiras para celebrar
de mãos dadas e corações unidos
a fraternidade mundial,
participando do sonho e projeto de Deus:
vida, amor, justiça, liberdade,
fraternidade e paz entre todos os povos.

Dia do Repórter

(Faixa 2 – Voz feminina – 1'31'')

Fundo Musical: Gratidão – Faixa 8 BRCMP1000058, do CD *Marquinho & Gilbert interpretam Walmir Alencar.*

PARABÉNS, REPÓRTER!

Parabéns, Repórter, hoje é o seu dia e por isso
dedicamos com carinho essa mensagem.
Você exerce com amor, dedicação e profissionalismo
sua vocação nos diversos setores da imprensa.
Uma tarefa árdua, cheia de desafios, que exige técnica,
concentração, disposição e empenho máximo na busca
de fatos para narrá-los, informar com precisão e seriedade.
Na televisão, no rádio, na internet,
você é um grande comunicador, porta-voz da verdade,
colaborador a serviço da sociedade.
Que Deus continue lhe inspirando na pesquisa
e na produção de suas matérias com toda
a sua capacidade e inteligência.
Parabéns, Repórter.
Que Deus abençoe todos os seus êxitos,
essa nobre missão todos os dias de sua vida.
Parabéns, Repórter.
Seja feliz! Sucesso!

Dia Mundial da Oração

(Faixa 3 – Voz feminina – 2'55")

Fundo Musical: Doce é sentir – Faixa 12 BRCMP1000059, CD *Melodias para Orar* – Maestro Luiz A. Karam.

A FÉ E A ORAÇÃO

Fé!
Duas letras que formam uma palavra simples,
mas de um conteúdo comprometedor.
Virtude teologal, adesão pessoal a Deus
que abrange um testemunho de vida
através da confiança e da ação,
pois "a fé sem obras é morta" (Tiago, 2,26).

Oração!
Seis letras de uma palavra simples,
mas de um conteúdo de significante valor.
Súplica religiosa, manifestação harmoniosa
que engloba a crença na presença de Deus,
confortando com luz e esperança o nosso coração,
pois a oração abre qualquer porta.
A fé e a oração não devem ser aplicadas
somente nos momentos de dificuldade,
e sim, em toda a nossa realidade.

Fé e oração!
Duas virtudes que devem caminhar juntas.
Muitos dizem que oram mas não têm fé,
outros afirmam ter fé mas não oram.

Podem ser inúteis para os céticos e ateus,
mas são insubstituíveis
para os que acreditam e testemunham
a onipresença de Deus.
O mundo necessita de homens e mulheres de fé!
O mundo necessita de orações em todas as situações!
Quantas montanhas cobrem o horizonte da justiça social?
Quantas fronteiras cercam a terra onde jorram pão e mel?
"Deus não criou fronteiras" (Gandhi).
Só a fé e a oração universal podem derrubar
os muros da desigualdade, da exclusão, da violência,
da guerra em todo o Planeta.
Há muitas injustiças devido a falsas manobras,
e só haverá justiça, paz e fraternidade, se expressarmos
nossa fé com a força da oração através de nossas obras.

Dia Internacional da Mulher

(Faixa 4 – Voz feminina – 3'06")

Fundo Musical: Edward Grieg (Manhã) – Faixa 13 BRCMP1000060, do CD *Um Toque Feminino* – Norma Holtzer Rodrigues e Mariana Thaís Secondo.

A NOVA MULHER
Doravante, neste século XXI,
suscita-se em todas as etnias e culturas
a imagem da Nova Mulher.

A *estudante* terá toda liberdade de expressão.
Tanto a *camponesa* como a *baronesa*
terão direitos e tratamentos iguais.
A *dona de casa* terá plena autonomia para exercer
outras atividades e realizar seus ideais.

A *esposa* nunca mais será espancada
pelo marido embriagado.
A *militante* não será mais queimada em praça pública,
nem a *meretriz* será apedrejada por fariseus.
A *operária* não será demitida por motivo de gravidez,
nem submetida à esterilização,
muito menos ser assediada pelo patrão.

Doravante, a *moça* poderá passear à noite
sem o trauma do pudor e regressar à sua casa
no apogeu da madrugada, como se regressasse
num belo entardecer de domingo.

A *negra* não terá mais pesadelos
com o *"Navio Negreiro"*,
a *índia* não sofrerá mais
com a ameaça de extinção de sua tribo.
A *branca* não será mais chamada de *"bruxa"*
ou de outros nomes infames.
A *gestante* sentirá apenas a dor do parto,
porque dela concebe-se a vida – direito absoluto e eterno.
As dores que antes difamavam
serão varridas para sempre pelos ventos da nova era.

Tanto a *mãe solteira* como a *viúva*,
tanto a *jovem* como a *anciã*,
serão lisonjeadas com orquídeas
por serem donas do encanto,
da sensibilidade, da maternidade.

As *"Marias cheias de graça"* dedicar-se-ão
em fazer uma nova história, e seus gestos concretos
multiplicar-se-ão como as estrelas no céu.
E, junto aos homens, formarão a imagem de Deus,
pois, foi nesta dimensão que ele – Pai e Mãe –
criou o ser humano, a pessoa humana.

Doravante,
no campo e na cidade,
em todos os setores da sociedade,
aparece a face, a voz
e a imagem
da Nova Mulher.

Dia Nacional da Biblioteca - Dia do(a) Bibliotecário(a) Dia da Escola

12 DE MARÇO

(Faixa 5 – Voz masculina – 1'24")

Fundo Musical: Serenata – Faixa 12 BRCMP1000061, do CD *Um Toque Feminino* – Norma Holtzer Rodrigues e Mariana Thaís Secondo.

A BIBLIOTECA DE NOSSA ESCOLA

A biblioteca de nossa escola
é fonte de informação e cultura,
destinada aos mestres e alunos
para a pesquisa e boa leitura.

No acervo, inúmeras obras:
revistas, jornais, dicionários,
enciclopédias, livros ilustrados...
sob o auxílio dos bibliotecários.

Obras disponíveis para consulta
no direito e cultivo do saber,
informando e também educando
para o hábito e o prazer de ler.

Quem vai à biblioteca
preenche o tempo lendo
e colhendo informações preciosas.

Quem se dedica à leitura
desenvolve a inteligência,
adquire sabedoria e ciência.

Vamos incentivar o hábito da leitura!
Sem ela ninguém segue avante.
Vamos preservar nossas bibliotecas,
patrimônio cultural e tesouro dos estudantes.

Dia Mundial da Juventude

(Faixa 6 – Voz feminina – 2'36")

Fundo Musical: Como és lindo – Faixa 8 BRCMP1000062, do CD *Marquinho & Gilbert interpretam Vida Reluz.*

JOVEM DE BEM COM A VIDA

Ser jovem é criar novos estilos,
traçar novos rumos, caminhar assobiando;
é beber água da chuva, cheirar terra molhada,
galgar barreiras e desafios sem esmorecer,
sem perder o encanto, o brilho, a energia de viver.

Ser jovem é abraçar pessoas,
sonhos, esquinas, horizontes...
É inventar frases, contar novidades,
planejar férias, colecionar CDs, fotos, cartões...
É assistir a um show, sentir-se um artista,
tocar violão junto à fogueira na madrugada.

Ser jovem é ter fé no futuro, esculpir respostas,
namorar as estrelas, desenhar primaveras,
passear de mãos dadas olhando as vitrines;
é curtir a liberdade e a mania de ser,
dialogar com os pássaros, fazer festa,
formar laços, aplaudir o pôr do sol,
sonhar como criança, enviar e-mails de esperança.

Ser jovem é ter intimidade com Deus,
imortalizar utopias, escrever poesias...
é fazer novas amizades, amar sem limites,
escrever uma nova história,
sentir pura emoção ao salvar
uma semente quase morta e esquecida.
Ser jovem é ter o coração aprendiz,
sem medo de ser feliz e estar de bem com a vida.

7 DE ABRIL

Dia do Jornalismo

(Faixa 7 – Voz masculina – 1'23")

Fundo Musical: Doce é sentir – Faixa 12 BRCMP1000063, do CD *Melodias para Orar* – Maestro Luiz A. Karam.

ORAÇÃO DO JORNALISTA

Mestre!
Eu te agradeço por designar-me
a vocação de jornalista que exerço
nos setores da Imprensa. Essa tarefa é árdua,
cheia de desafios e exige-me técnica e concentração.
Meu empenho é constante em busca de fatos,
narrando e redigindo matérias.
Por isso, Senhor, faze-me um porta-voz
da verdade e do bem, a fim de servir e colaborar
em benefício de quaisquer segmentos da sociedade.
Inspira-me no decorrer de cada jornada
para cumprir meu papel com amor e segurança.
Interceda nas situações e decisões difíceis
que me competem resolver,
conceda-me a graça de anunciar boas-novas
que possam construir uma
sociedade justa e fraterna.
Enfim, eu te ofereço todos os meus êxitos
e peço-te que me abençoes hoje e sempre.
Amém!

Dia do Descobrimento do Brasil

22 DE ABRIL

(Faixa 8 – Voz masculina – 5'08'')

Faixa Musical: Utopia (Zé Vicente) – Faixa 1 BRCMP1000064, do CD *Luzes no caminho* – (Instrumental).

BRASIL – FACES E VOZES

Brasil,
natureza divina,
coração da América Latina,
pátria amada e abençoada por Deus!
Brasil,
terra cheia de graças,
nação de todas as raças,
numerosos são os filhos teus!

Vejo a imagem de semblantes nativos;
suor e lágrimas nas faces do Brasil!
Ouço o clamor de culturas oprimidas;
proclamam sua mística as vozes do Brasil!

Homens e mulheres, vestidos de natureza,
cantam e dançam à luz do luar do sertão,
ao som de atabaques, bandolins e acordeão.
Caravanas e romarias seguem suas veredas,
atravessando terras, desertos e confins.

Em cada face uma grande esperança.
Em cada voz um clamor de liberdade.

Em cada coração uma memória rediviva.
Em cada destino uma semente de fraternidade.

São teus filhos, teu povo, Brasil!
De norte a sul, de leste a oeste,
do nascente ao poente, sob sol e chuva,
no verde do campo, no concreto da cidade.

O retirante da seca, irmão cabra-da-peste.
O mandacaru milagroso no coração do agreste.
O caipira "sim sinhô", o vaqueiro,
o seringueiro, também o peão boiadeiro.
- Faces e Vozes do Brasil!

O pai de família, operário e cristão.
A dona de casa que cozinha o feijão.
O caminhoneiro na estrada, o catador de papelão.
- Faces e vozes do Brasil!

A bailarina, a cigana, a atriz,
a baiana, a camponesa, a costureira...
"Acorda Maria bonita..."
"Olê mulher rendeira..."
- Faces e vozes do Brasil!

O chimarrão, o beiju, o azeite de dendê.
O bumba meu boi, o saci-pererê.
Zumbi, a madeira, a capoeira,
mestre-sala e porta-bandeira.
- Faces e vozes do Brasil!

Brasil, nosso Brasil,
território de sangue e insurreições,
cenário de grandes transformações,
nação de vastas contradições.

Brasil, nosso Brasil latino-americano e colossal,
místico e transcendental,
maravilha não há igual!

Brasil, nosso Brasil,
civilização desvairada,
mar sagrado, ar mistificado de energias,
terra santa de heróis e profetas.

Brasil, nosso Brasil,
paraíso ecológico de mil maravilhas,
com florestas, cachoeiras, praias, ilhas...
As cores mágicas da natureza te pertencem,
ó pátria amada e idolatrada,
terra adorada e consagrada,
pelos séculos imortalizada,
cheia de poesia, amor e vida,
porém, outrora invadida, sacrificada,
despojada de suas raízes,
condenada pelo colonialismo opressor.
Hoje, o cativeiro de um povo sofredor.

Levanta-te Brasil!
Avança com tua face latina, heroica e secular!
Levanta-te Brasil!
Clama com tua voz que é mito de cultura milenar!

Essas mesmas faces que se transfiguram,
essas mesmas vozes que clamam por justiça,
espalham sementes em teu solo fecundo,
e em breve, farão de ti o celeiro do mundo.

Vejo um novo Brasil livre e independente.
Vejo um novo Brasil límpido e glorioso.
Vejo um novo Brasil e uma nova América.
Vejo um novo Brasil num horizonte maravilhoso.

Brasil – semente dos ancestrais!
Brasil – das futuras gerações!
Brasil – uma nação de paz!
Brasil – país das multidões!

As terras distribuídas, índios caçando e pescando.
O camponês na lavoura plantando e colhendo.
As crianças e os velhos sorrindo e brincando.
O negro dançando, a juventude sonhando e vivendo.

Os trabalhadores construindo suas moradas.
Etnias e culturas partilhando do mesmo pão.
Famílias nutridas, sadias, alfabetizadas.
A cidade urbanizada, a fartura no sertão.

Brasil, meu Brasil, nosso Brasil, uma nova nação!

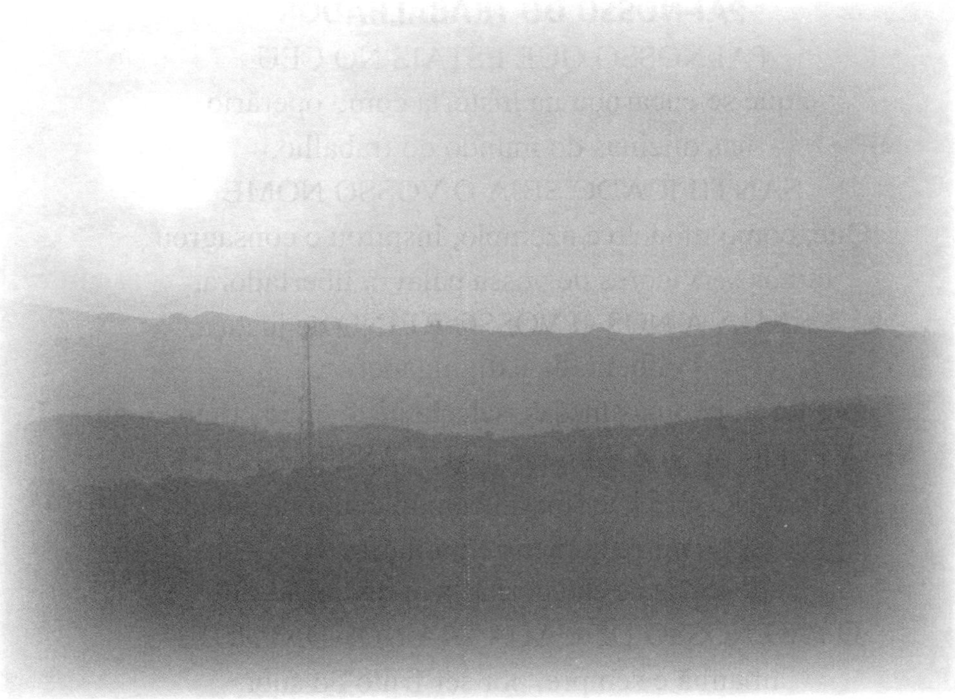

Dia do Trabalho

1º DE MAIO

(Faixa 9 – Voz masculina – 1'46")

Fundo Musical: Coração sereno – Faixa 10 BRCMP1000065, do CD *16 Melodias* – Instrumental – Pe. Zezinho, scj.

PAI-NOSSO DO TRABALHADOR
PAI NOSSO QUE ESTAIS NO CÉU
e que se encarnou na história como operário
nas oficinas do mundo do trabalho,
SANTIFICADO SEJA O VOSSO NOME
Que, como modelo e exemplo, inspirou e consagrou
tantos servidores de vossa palavra libertadora,
VENHA A NÓS O VOSSO REINO de justiça,
liberdade e dignidade,
com terra, pão nas mesas, salário justo e vida digna,
SEJA FEITA A VOSSA VONTADE ASSIM NA TERRA
COMO NO CÉU, assim no campo como na cidade,
entre homens e mulheres
de todas as categorias sem distinção.
O PÃO NOSSO DE CADA DIA NOS DAI HOJE,
amanhã e sempre, por ser fruto do suor
e da jornada de trabalho.
PERDOAI AS NOSSAS OFENSAS
assim como devemos
perdoar nossos companheiros
pela conversão e para a justiça,
E NÃO NOS DEIXEIS CAIR EM TENTAÇÃO,
para não pecarmos, e sim, perseverarmos no bom propósito
da igualdade e união, MAS LIVRAI-NOS DO MAL

para praticarmos o bem, o amor, a partilha,
e assim sermos solidários na dignidade do trabalho,
AMÉM! Que assim seja, para a plenitude do vosso Reino!
Novo Céu e Nova Terra.

Dia da Cozinheira

(Faixa 10 – Voz feminina – 1'47'')

Fundo Musical: Baião das comunidades – Faixa 5 BRCMP1000066, do CD *Vida e Fé* – Instrumental – Luiz Antônio Karam.

A COZINHEIRA

O almoço, o jantar, forno e fogão;
o café, o chá e variedades de pão.
Sal e açúcar, xícaras com farinha;
tempero e sabor perfumam a cozinha.

Saladas, quitutes, doces, quindins,
o bolo enfeitado, saborosos pudins.
Água e fermento, garfo e colher.
Cozinhar é a arte dessa mulher.

Pratos, guardanapos, flores na mesa;
que delícia!... está pronta a sobremesa.
Bolachas, sorvetes, quem é que rejeita?
Tudo delicioso como manda a receita.

E lá está ela, sorridente e tão bela,
cortando legumes, mexendo a panela,
descascando frutas com carinho e amor.
Que Deus abençoe sua missão e valor!

Hoje, feliz pelos pratos que criou,
um livro de receitas realidade virou.
Que maravilha!... parabéns companheira!
Rainha do lar e senhora cozinheira.

Dia Internacional da Família

15 DE MAIO

(Faixa 11 – Voz feminina – 2'23")

Fundo Musical: Oração pela Família – Faixa 1 BRCMP1000067, do CD *18 Melodias* – Pe. Zezinho, scj.

FAMÍLIA DE DEUS

Em qualquer lugar do Planeta,
nos lares, apartamentos, cortiços,
num barraco à beira da estrada,
existe uma família que celebra a vida.

Nas vielas da periferia da cidade,
na selva, nos confins do sertão,
numa esquina ou debaixo de um viaduto,
existe uma família que partilha o pão de cada dia.

Os pescadores que ceiam na praia,
boias-frias, migrantes e operários,
brancos, negros, índios, estrangeiros...
formam uma família com harmonia,
alegria, paz e amor.

O guri que engraxa sapatos
regressa ao lar porque a família o espera.
O trabalhador enfrenta sua árdua jornada
para sustentar sua querida família.
A mulher trabalha, educa os filhos
e cuida dos afazeres do lar porque ama sua família.

Família é aliança de amor, é partilha de sonhos,
desafios e esperança.
É conviver dialogando, se respeitando,
compreendendo um ao outro,
formando laços de ternura,
amizade, companheirismo, felicidade.

A exemplo de Jesus, Maria e José – a Sagrada Família,
formamos um arco-íris humano com cores de fraternidade.
Celebremos todas as bênçãos e graças,
porque somos a família de Deus.

Dia do Gari

(Faixa 12 – Voz masculina – 1'20'')

Fundo Musical: Canção do Caminho – Faixa 1 BRCMP1000068, do CD *Peregrinações* – Antonio Durán.

ORAÇÃO DO GARI

Mestre!
Abençoa a minha humilde profissão de gari.
É uma tarefa árdua, sob sol e chuva,
a serviço da coletividade, lutando pelo pão de cada dia.
Mas é gratificante trabalhar e servir, por isso,
obrigado pelo emprego que tenho, pela saúde,
otimismo e a fé que sustentam a minha jornada.
Senhor Deus! Creio que estás sempre presente
dando-me o necessário para viver.
Entretanto, peço-te, coragem e perseverança,
auxilia-me nas dificuldades, alivia-me no cansaço.
Faze-me cumprir minha missão com dignidade.
E na esperança de dias melhores,
sob a luz dos teus desígnios,
eu te louvarei por todas as maravilhas
que revelaste em minha vida.
Amém!

Dia da Língua Portuguesa

10 DE JUNHO

(Faixa 13 – Voz feminina – 3'19")

Fundo Musical: Se me permites – Faixa 13 BRCMP1000069, do CD *Marquinho & Gilbert interpretam Fábio de Melo.*

O PODER DAS PALAVRAS

Manuseie as palavras no quebra-cabeça das ideias
tornando-as claras e evidentes no universo da lógica.
Domine-as como quem amansa um alazão feroz.
Elas são fortes e poderosas no reino da razão e da emoção.
Cada palavra possui várias faces.
Podem ser mentirosas ou verdadeiras,
confiáveis ou traiçoeiras.
Podem determinar a queda de um trono, ou então,
dar ênfase a um golpe de mestre.
Palavras são como tijolos de um contexto.
Uma só mal colocada, e desaba todo o alicerce.
Uma palavra pode mudar o curso da história.
Com palavras podemos conquistar o mundo,
ou também, desatar laços de ternura.
Na matéria e no espírito, elas são diamantes
que se escondem nas profundezas dos mistérios,
rompendo e ultrapassando as barreiras do tempo.
As palavras são estrelas eternas.
Elas aprovam, reprovam, renovam,
provam o que é, o que não é, o que deixou de ser;
erram, acertam e alertam o que virá,
o que será, se há ou não há.

São cartas mágicas que podem dar sorte
num jogo de vida ou morte.
São instrumentos fundamentais
na orquestra das letras,
não podem desafinar.
Os sábios trabalham com palavras.
Os menestréis tratam-nas como filhas,
sangue do seu sangue.
São extraídas das minas da imaginação para serem úteis,
reais e, posteriormente, imortais.
Há quem diga que palavras são palavras,
nada mais que palavras.
Mas enganam-se e contradizem-se
com as próprias palavras os "semi-juízes",
pois as palavras possuem um grande poder!

12 DE JUNHO

Dia dos Namorados

(Faixa 14 – Voz feminina – 2'04")

Fonte Musical: Para sempre te amarei – Faixa 5 BRCMP1000070, do CD *18 Melodias* – Pe. Zezinho, scj.

ALIANÇA

Eu te escolhi. Tu me escolheste.
Não nos conhecemos por acaso,
e sim, pela magia do universo
como poesia em prosa e verso.
Caminhamos pela praia de mãos dadas
contemplando o encontro do sol com o mar.
Nossas confidências vão além das aparências.
Somos sensíveis, livres e insubstituíveis.
Sou o teu sol, tu és a minha lua.
Falamos a mesma linguagem,
curtimos a mesma viagem.
Com ternura e encanto, sorriso e pranto,
carinho e esperança, formamos a nossa aliança.
Eu te caço e tu me caças pela selva do prazer
que inspira a nossa mania de ser.
Em nossas batalhas não há vencedor.
Bebemos na mesma taça o vinho do amor.
Eu te canto. Tu me encantas.
Somos felizes e reais em diferenças iguais.
O que seria de mim sem ti?
O que seria de ti sem mim?
Enfim, eu te escolhi, tu me escolheste.
Somos assim.

Dia Internacional da Amizade

20 DE JULHO

(Faixa 15 – Voz feminina – 2'13")

Fonte Musical: Confia em mim – Faixa 11 BRCMP1000071, do CD *Marquinho & Gilbert interpretam Vida Reluz.*

CONTE COMIGO

Conte comigo nas horas alegres,
nos momentos tristes de solidão;
quando quiser se abrir com alguém,
se algo incomoda o seu coração.

Conte comigo sempre que precisar
de um apoio, quando dúvidas tiver,
de um abraço, até mesmo um conselho;
procure-me a hora que quiser.

Conte comigo, não importa a distância;
por telefone, carta, em qualquer lugar.
Não tenha receio nem medo de nada,
farei de tudo para lhe ajudar.

Conte comigo para caminharmos juntos,
ora, eu também preciso me abrir.
Entre nós surgem tantos assuntos;
se chorar, chorarei; sorrirei, se sorrires.

Conte comigo hoje, amanhã, sempre...
Eu sou gente e também conto contigo.
Conte comigo, por favor, não se isole,
quero simplesmente ser seu amigo.

26 DE JULHO

Dia dos Avós

(Faixa 16 – Voz masculina – 1'38")

Fonte Musical: O riacho é como a gente – Faixa 3 BRCMP1000072, do CD *16 Melodias* Instrumental – Pe. Zezinho, scj.

A velhice é linda, VOVÔ/Vovó!

Ah, vovô... vovó...
Como é maravilhoso vê-lo(a) lúcido(a), alegre,
fazendo me emocionar com tua serenidade
e com tua abençoada longevidade.
Sou tão criança ainda e tua velhice é linda,
é sábia, na magia que te envolve em sonhos,
em recordações, jornadas interiores
que ilustram tuas primaveras e verões.
Gostaria de assistir o filme de tua vida.
Quisera definir em versos toda a beleza do teu ser,
toda infinitude do teu coração.
Só me resta sentir o que sinto, admirar-te,
abraçar-te, beijar tua face, pedir tua bênção.
Ah, vovô... vovó... saiba que tua velhice é linda.
Prometo que fingirei não ouvir tuas queixas,
mas jamais deixar de apreciar tua maravilhosa
e eterna figura humana.
Que Deus te permita contemplar
muitas floradas e auroras.
Querido vovô... vovó... tu estás no meu coração.

Dia do Catequista

31 DE AGOSTO

(Faixa 17 – Voz feminina – 1'32")

Fonte Musical: Se a gente crê – Faixa 13 BRCMP1000073, do CD *16 Melodias* – Instrumental – Pe. Zezinho, scj.

MENSAGEM AO CATEQUISTA

Uma nobre tarefa foi confiada a ti,
catequista, na igreja onde professas tua fé,
com o compromisso de anunciar a Palavra,
testemunhar a mensagem libertadora
do Evangelho, propagar as diretrizes pastorais,
denunciar as injustiças
e espalhar sementes de fraternidade.
Coragem e esperança!
Tu és um instrumento de Deus.
Precisas atualizar-te sempre para
comunicar e agir com seriedade.
Exerce tua tarefa com amor.
O Espírito Santo te dará belas inspirações,
e sábias palavras sairão de tua boca.
Teus caminhos serão sempre iluminados.
Que Deus abençoe teu serviço e tua dedicação
na comunidade que também é tua família.

Dia da Pátria – Independência do Brasil

7 DE SETEMBRO

(Faixa 18 – Voz masculina – 1'40")

Faixa Musical: Virgem Mãe Aparecida – Faixa 3 BRCMP1000074, do CD *Vida e Fé* – Luiz Antônio Karam.

ORDEM E PROGRESSO

Quando o hino eu começo a cantar
e a bandeira no mastro hastear,
meu coração se torna mais aprendiz,
eu começo a pensar no país.
E questiono sobre o nosso penhor
na desordem de um progresso opressor.
Que bom seria o povo desta nação,
cantar nas ruas este justo refrão:

O vento agita a bandeira no ar
e olhando as cores eu começo a lembrar,
escuras nuvens de um passado de dor,
desigualdade e tanta falta de amor.
Renasce então um novo e belo florão
pelos profetas-menestréis da nação
na grande força desse povo viril
de lutar pelo seu berço gentil.

Enquanto sonhos nascem dentro de mim
eu canto forte pra minha fé não ter fim,

se somos todos amigos-irmãos,
chegou a hora de juntar nossas mãos.
Ó Brasil nós somos os filhos teus,
ó pátria amada abençoada por Deus.
Que haja terra, pão e mel no país
pra o brasileiro ser bem livre e feliz.

É PRECISO INVERTER O PROCESSO,
É PRECISO MANTER O PAÍS
COM ORDEM E PROGRESSO.

Dia da Árvore

(Faixa 19 – Voz feminina – 1'41")

Fundo Musical: O Anjo da força de Deus – Faixa 5 BRCMP1000075, do CD *Na presença dos Anjos 2* – Antonio Durán.

ÁRVORES, VERDE-VIDA!
Pau-brasil,
juazeiro, jequitibá;
laranjeira, louro-do-mato,
seringueira.
Ipê-amarelo,
amoreira, jatobá;
sapucaia, jacarandá,
mangueira.

Árvores, verde-vida brasileiras!

Cedro,
cabreúva, cacaueiro;
carvalho, eucalipto,
fruta-pão.
Paineira,
quaresmeira, coqueiro;
graviola, erva-mate,
chorão.

Árvores, verde-vida, brasileiras!
Florestas, Parques, Amazônia, Pantanal...
Árvores frutíferas, patrimônio mundial.
Raiz, caule, tronco,
folhas, flores, frutos...
Sinônimo de vida, verde-vida,
árvores brasileiras!

21 DE SETEMBRO

Dia Internacional da Paz (das Nações Unidas)

(Faixa 20 – Voz masculina – 1'55")

Faixa Musical: Nas águas desta paz – Faixa 4 BRCMP1000076, do CD *18 Melodias* – Pe. Zezinho, scj.

EMBAIXADORES DA PAZ

Ecos heroicos ressoam
sem limites pelas fronteiras
e confins do planeta Terra.
Cidadãos do mundo – Embaixadores da paz
globalizam sentimentos e gestos fraternos
por uma causa intercontinental, multicultural:
desarmar nações para celebrar a paz!

E nessa marcha triunfante,
maximizando focos e horizontes
para erradicar as raízes de todas
as injustiças e guerras,
projetos e recursos estão mundialmente
conectados para que cada um faça a sua parte.
Ora, não vale a pena se omitir.
A missão é nobre, justa, incondicional.
O retorno é humano, coletivo, global.
Vamos precisar de todo mundo
através da interação de costumes,
do intercâmbio de filosofias,

do diálogo ecumênico,
das artes transcendentais,
de uma simples e inovadora iniciativa
para promover a paz em todas as culturas.
A paz, fruto da justiça, utopia viva da humanidade,
sonho universal de Deus.
A paz infinita, eloquente, inquieta,
onipresente de geração em geração,
concebida com amor nos corações humanos.

Dia Internacional do Idoso

(Faixa 21 – Voz feminina – 3'28")

Fundo Musical: Deus é capaz – Faixa 10 BRCMP1000077, do CD *Marquinho & Gilbert interpretam Walmir Alencar.*

ETERNA FIGURA HUMANA

Diante desta eterna figura humana,
contemple carinhosamente seus cabelos brancos,
os olhos fundos, as rugas na face;
sinais da experiência e do sofrimento
de tantos anos vividos.
Triste é saber que outros desprezam a sua velhice,
não dão um mínimo de atenção,
argumentando que lhe restam poucos anos de vida.

Ouça atentamente seus sábios conselhos,
palavras fartas de boas intenções
e não se arrependerá!
Para muitos, suas ideias e palavras
são retrógradas, quadradas, fora de época,
"o velho está caducando".

Aceite com respeito suas mãos trêmulas
que outrora tanto semearam e colheram,
mas que agora, frágeis como as de uma criança,
derrubam o café e a sopa na mesa.
Infelizmente nem todos são sensíveis.

Acham que elas incomodam, atrapalham,
e haja paciência para tolerá-las.

Acompanhe com ternura seus passos brandos,
tentando captar a mensagem de sua lentidão.
Há aqueles que ousam ultrapassar essa maravilha
com inútil rapidez porque ainda não aprenderam
que para alcançar a plenitude da vida
é preciso caminhar sem ter pressa de chegar.

Olhe com amor para essa eterna figura humana.
Se estiver numa cadeira de balanço,
aprecie a beleza e a serenidade desta cena.
Há alguns que preferem se irritar com o ruído da cadeira.
Se porventura vê-la só no silêncio do quarto,
aproxime-se e permaneça um instante.
Quantos preferem se afastar, fugir,
se omitir, abandonar...

Diante desta eterna figura humana,
reflita sobre quem é você diante dela
e aprenda que na sábia velhice, nos traços de meiguice,
ninguém deixa de viver por envelhecer.

Ninguém é tão velho que não possa rejuvenescer.
Ninguém é tão jovem que não possa envelhecer.

12 DE OUTUBRO

Dia da Criança

(Faixa 22 – Voz feminina – 2'17")

Fundo Musical: Maria de minha infância – Faixa 8 BRCMP1000078, do CD *16 Melodias* – Instrumental – Pe. Zezinho, scj.

CRIANÇAS DO MUNDO TODO
Daisuke é japonês,
Bakang é africana,
Paul é inglês,
Jéssica é australiana,
Sérgio é brasileiro...
Crianças do mundo todo,
Crianças do Planeta inteiro.

Infância de alma inocente,
primeiros passos de cidadania;
sonhos no coração adolescente,
jovens precursores da utopia.

Culturas, raças, civilizações,
costumes, contrastes, tradições;
crianças com direitos e ideais
conectados numa ciranda de paz.

O sorriso é o símbolo da bandeira universal.
Pura criatividade, singela imaginação.
Cores, gestos, brincadeiras, canções,
numa diversidade cultural.

Línguas, crenças, etnias, num intercâmbio
planetário de confraternização.
Brancas, negras, mestiças, amarelas,
louras, morenas, inteligentes e belas.

Raízes, folhas, frutos,
jardim infantil de esperanças;
o presente e o futuro do planeta
nas mãos de nossas crianças.

Crianças, milhões de crianças do mundo todo
construindo um sonho de paz, serão futuros cidadãos
celebrando a paz no mundo todo.

12 DE OUTUBRO

Dia do Descobrimento da América

(Faixa 23 – Voz masculina – 4'43'')

Faixa Musical: Marcas do eterno – Faixa 5 BRCMP1000079, do CD *Marquinho & Gilbert interpretam Fabio de Melo.*

AMÉRICA – RAÍZES E TRAJETÓRIAS

Eu sou a América!
Antiga como o sol e de cultura milenar.
A mesma pátria dos Incas, Astecas e Maias;
dos povos dos Andes, dos Pampas e do mar.

Eu sou a América!
Dizem que fui descoberta, colonizada,
conquistada e evangelizada pelos europeus,
que com atrevimento diziam estar aqui
fazendo tudo aquilo em nome de Deus.

Eu sou a América!
Faz mais de 500 anos que ouço várias versões,
narrações e uma infinidade de interpretações.
Faz mais de 500 anos que estou nas páginas ilustradas,
toda enfeitada numa história invertida.
Eu fui despojada!
Eu fui invadida!

Antes que me avistassem, de longe os avistei.
Uma nau e duas caravelas espanholas gigantes.

O navegador com seus marujos desembarcaram na praia
e face a face se defrontaram com meus habitantes.

Os espanhóis eram como deuses de pele dura.
Cabeludos, barbudos, alguns montados em cavalos.
Com espadas, coletes de couro e farda escura,
dominaram os povos nativos e seus vassalos.

Eles vieram com cruzes, armas e hipocrisia.
Trouxeram ódio, fogo, fome, epidemias.
Passei a ser o "novo continente",
mas eu já prosperava com minhas etnias.

Meus nativos plantavam e colhiam.
Pelas florestas caçavam e comiam.
Pelas inúmeras tribos geravam vidas.
Entre as montanhas com liberdade viviam.

Eu falava línguas diferentes;
eles sepultaram minhas raízes e sementes.
Eu vivia nua, inocente, independente e forte.
Eles, tão arrogantes, vestiram-me com vestes de morte.

Meus povos viviam em harmonia
e cultuavam a Deus com belos rituais.
Depois os vi como escravos nos canaviais.
Vi índios "peles-vermelhas" serem trocados por animais.

Fizeram de mim uma pátria ferida e esquartejada.
Meu território geográfico sangrava
ao ser dominado por sucessivas invasões.

Os que não se submetiam, morriam.
Os que fingiam, sofriam duras repressões.

Eu ouvi o clamor de faces e vozes oprimidas.
Vi árvores cortadas, folhas e lágrimas perdidas.
Senti as dores de torturas fatais,
vi raças se extinguirem,
filhos chorando com seus pais.

Depois de longos e sofridos anos,
vi desembarcar o "Navio Negreiro",
trazendo milhares de escravos africanos
que se misturavam aos nativos prisioneiros,
vidas e vítimas de massacres desumanos.

Eu sou a América de mais de 500 anos!
Trago nas páginas de minha história,
imagens de mortes e insurreições,
de quedas e rebeliões,
de amargas lembranças, de lutas e esperanças.

Eu sou a América de ontem, com memórias redivivas.
Eu sou a América de hoje com tantas etnias vivas.
Eu sou a Nova América de amanhã e de sempre,
de tantas faces e vozes, heróis gigantes
com sonhos triunfantes.

Sou o continente da mestiçagem!
Sou o continente da esperança!
Sou o continente do renascimento!

Ó Senhora de Guadalupe,
Mãe Índia de Tepeyac,
Medianeira de todos os povos latinos,
que caminhastes agora e sempre nessa Nova Evangelização,
fazei de mim o continente da libertação.

Eu sou a América Latina!
A terra de mártires e profetas.
O cenário de santos e poetas.
O baluarte das lutas e ações concretas.

Eu sou a América, florão do mundo!
Hei de ser com justiça um novo continente!
Hei de trilhar numa nova trajetória!
Hei de fazer uma nova história!

Eu sou a América!

18 DE OUTUBRO

Dia do Médico(a)

(Faixa 24 – Voz masculina – 1'26")

Fundo Musical: Vou cantar teu amor – Faixa 10 BRCMP1000080, do CD *Marquinho & Gilbert interpretam Fábio de Melo.*

PARABÉNS PRA VOCÊ, MÉDICO(A)

Você realmente nasceu para a medicina.
Uma brilhante vocação exercida
com amor e profissionalismo.
Seu consultório é um ambiente
saudável e iluminado.
Admiro o carinho, a dedicação
e sua capacidade de ouvir, examinar,
orientar e curar os pacientes.
Você se realiza no que faz,
evolui a cada tarefa designada,
atende com seriedade aos chamados
urgentes para salvar uma vida.
Que Deus lhe inspire sempre
nessa maravilhosa missão.
Com emoção, aplaudo seus êxitos,
sua carreira vitoriosa,
os sonhos realizados.
Seja muito feliz!

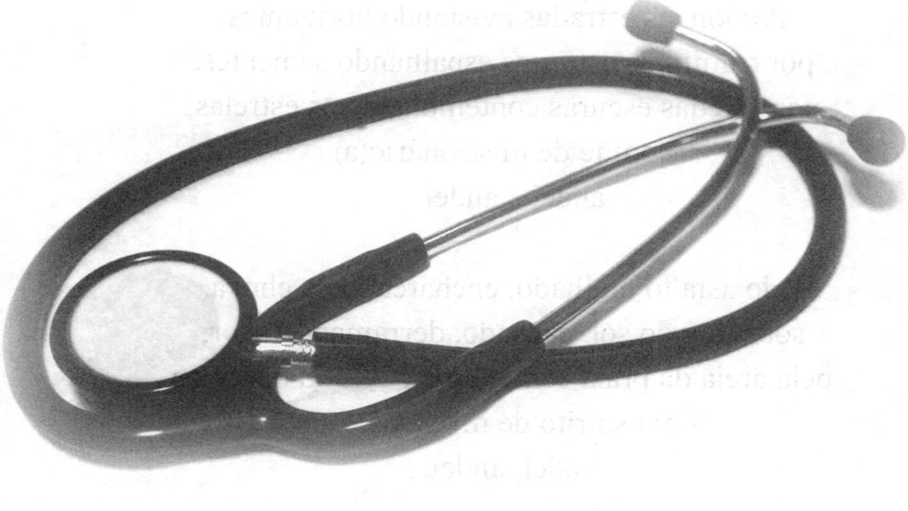

Dia das Missões

22 DE OUTUBRO

(Faixa 25 – Voz masculina – 1'57")

Fundo Musical: Estou à porta e peço entrada – Faixa 1 BRCMP1000081, do CD *Marquinho & Gilbert interpretam Fábio de Melo.*

ANDANÇAS
Por longas estradas avistando horizontes,
por caminhos estreitos espalhando sementes,
por veredas escuras contemplando as estrelas,
com fé de missionário(a)
andei... andei...

Pelo asfalto molhado, encharcado de chuva,
sob a luz do sol, cansado, derramando suor;
pela areia da praia contando e ouvindo histórias
com espírito de missionário(a)
andei, andei...

Por terras estranhas deixando saudades,
pelos campos risonhos colhendo frutos,
pelos confins e fronteiras contemplando graças,
com coração de missionário(a),
andei, andei...

Com passos ligeiros e alma no infinito,
enfrentando desafios sob a providência divina;

confiante e solitário, mesmo assim,
com teimosia de missionário(a),
andei, andei...

Sorrindo, chorando, orando, cantando...
pelas curvas do destino superando limites;
inquieto, obstinado, colhendo esperanças.
Árduas caminhadas... minhas andanças...
Com fé e coragem de missionário(a),
pelos caminhos gloriosos de Deus,
andei, andei, andei...

31 DE OUTUBRO

Dia da Dona de Casa

(Faixa 26 – Voz feminina – 3'15")

Fundo Musical: Tristesse – Faixa 1 BRCMP1000082, do CD *Um toque Feminino* – Norma Holtzer Rodrigues e Mariana Thaís Secondo.

QUE VIDA, MARIA!

Maria! Maria!
Hoje é segunda-feira, você precisa ir trabalhar,
mas o relógio não despertou,
o ônibus atrasou,
pra variar, greve do metrô.
Você chegou atrasada, ficou envergonhada,
levou bronca do patrão, desfalque na produção.
No corre-corre, tanta preocupação!
Fica quase louca na rotina que virou mania.
É fogo, Maria! Eu sei que não é fácil...

Maria!
Agora você tem que ir ao colégio,
ser estudante é um privilégio!
Você perde a primeira aula,
precisa devolver o livro emprestado à Paula,
vai mal na prova, o professor quase a reprova;
bate o sinal para ir embora,
cansada, esgotada, volta pra casa e chora.
Não chora, Maria!
Amanhã será um novo dia!

Maria! Ei Maria!
Você também é dona de casa;
sei que você não esqueceu, mas...
o aluguel está atrasado,
o gás acabou, o marido se embriagou,
o moleque não foi à escola,
o caçula se machucou jogando bola.
Roupa pra lavar, roupa pra passar,
se vira, Maria!
À noite tem reunião na comunidade,
quem sabe você se sentirá
com um pouco mais de liberdade.

Maria! Êta Maria!
Hoje tem baile no clube;
baião, pagode, forró,
garanto que você não vai só!
Você canta, dança, grita com euforia,
desforra, Maria!
Põe pra fora esse sonho guardado no peito,
essa vontade de gritar pro mundo
que você tem voz, que você tem vez,
que você é filha de Deus,
que você quer uma vida com alegria...
mostra que você tem fé, Maria!

Maria! Escuta aqui, Maria!
O baile acabou,
amanhã tem que acordar bem cedo,
vai começar tudo outra vez!...
Mas você é forte, Maria!

Você é demais, Maria!
Como você é mulher, Maria!
Diante disso,
como você consegue fazer tudo isso?
E ainda dizem que você é sexo frágil.
Ainda dizem que você é inferior ao homem.
Ainda lhe discriminam como um objeto qualquer.
Ainda...

Dê graças a Deus, Maria,
pelo símbolo de luta que você é.
Pela sua coragem, seu trabalho, sua fé.
Você é vitoriosa e maravilhosa, Maria!
Oxalá que um dia você seja reconhecida.
Mas que vida...
que vida...
que vida, Maria!

Finados

(Faixa 27 – Voz masculina – 1'39")

Fundo Musical: O Anjo que abençoa – Faixa 2 BRCMP1000083, do CD *Na presença dos Anjos 1* – Maestro Antonio Durán.

MENSAGEM DE ESPERANÇA
PELA PERDA DE UMA PESSOA QUERIDA

Todos nós ficamos tristes
pela perda de uma pessoa querida.
Foi-nos deixada uma profunda saudade por essa pessoa
que admirávamos e amávamos muito.
Por isso, estamos aqui para compartilharmos
essas palavras de esperança.

A morte é um mistério...
é difícil compreendê-la,
é também difícil aceitá-la.

Nossa vida pertence a Deus
que revela sua glória também nos fatos imprevisíveis.
A vida é uma longa viagem.
Deus é quem define o começo e o momento do adeus.

Essa pessoa deixou-nos um grande vazio e muita saudade.
E na certeza de que cumpriu sua missão na terra,
transformemos essa dor em gotas de esperança.

Vamos lembrá-la com alegria,
recordando sua bela amizade,
seu exemplo de vida, seus belos dons,
sua missão aqui na terra.
Agora, ela está com Deus,
contemplando sua recompensa.

No Reino de Deus há muitas moradas
e um dia nos reencontraremos face a face
no grande pôr do sol da eternidade.

Dia do Radialista

(Faixa 28 – Voz masculina – 1'39")

Fundo Musical: Hoje livre sou – Faixa 11 BRCMP1000084, do CD *Marquinho & Gilbert interpretam Walmir Alencar.*

PRECE DO RADIALISTA

Mestre!
No belo cenário da comunicação,
designaste-me a vocação de radialista.
Obrigado por confiar-me essa tarefa
que exige de mim constante disciplina,
dedicação e amor.
Imenso é o poder de difusão do Rádio,
que no decorrer da jornada conduz-me
a pontos próximos e distantes,
cruzando fronteiras para participar
do cotidiano de inúmeros ouvintes.
Abençoa, Senhor, a minha voz para
que eu possa transmitir com clareza,
informar com segurança e cumprir minha
tarefa com alegria e prazer.
Inspira-me a ser, além de profissional,
um constante amigo, mensageiro-comunicador
a serviço do bem comum.
Dá-me a graça de anunciar o que for bom,
útil, novo e belo.

Tu és, ó Deus, o maior comunicador!
Faze-me instrumento de tua Palavra
na construção de um mundo novo.
Amém!

5 DE DEZEMBRO

Dia Nacional da Pastoral da Criança

(Faixa 29 – Voz feminina – 1'47'')

Fundo Musical: Os Anjos na glória de Deus – Faixa 3 BRCMP1000085, do CD *Na presença dos Anjos 2* – Antonio Durán.

LAMENTO OPRIMIDO

Eu sou aquele menino descalço
que lhe pediu um trocado e você não deu.
Estou doente na criança do teu bairro
e até agora ninguém me socorreu.
Fui humilhado no teu irmão conterrâneo migrante,
sem eira nem beira, sem nome, sem pão.
Estou chorando nos bebês de rua
e nas sub-raças da população.

Eu tive fome no teu irmão e nos filhos dele
e da comida na mesa alguém reclamou.
Fiquei preso, interno, durante vários anos
e nenhuma vez sequer alguém me visitou.
Estou sofrendo debaixo da ponte
porque pela vizinhança ninguém me acolheu.
Naquela geada, dormindo na rua,
passei frio e ninguém me aqueceu.

Eu sou e estou em todos estes irmãos
e diante deles, você ainda não me viu.
Sou a face e a voz dessas crianças sofridas,
meu lamento oprimido ecoa pelo Brasil.

ESPECIAL

Bodas de Ouro

(Faixa 30 – Voz masculina – 1'54")

Fundo Musical: O pão da vida – Faixa 14 BRCMP1000086, do CD
Luzes no meu caminho – Instrumental – VV.AA.

A VITÓRIA DO AMOR EM BODAS DE OURO

Dois corações escreveram a história
desta aliança de amor e magia.
Hoje, 50 anos depois, quem diria!...
Flores, sorrisos, abraços, aplausos,
exaltam essa vitória em Bodas de Ouro.
A família unida presente, os amigos emocionados,
todos contemplam admirados o triunfo deste amor.
E nesta longa e maravilhosa união,
muitas sementes foram espalhadas,
muitos frutos ainda são colhidos,
e a maior razão de tudo é que o amor
sempre foi o mais forte,
provando que a confiança, a fidelidade,
a perseverança, a ternura,
fortaleceram os laços desta
emocionante história de amor.
E este eterno amor que tudo suporta,
tudo vence, o amor que não tem idade,
motivo maior desta felicidade,
espalha energias e bênçãos
nestes 50 anos de união. Sejam felizes!
Vivam intensamente esta aliança,
esta data inesquecível,

este sublime amor que em suas vidas
é um infinito tesouro.
Parabéns!
Que Deus os abençoe!
Feliz Bodas de Ouro!
Com muito carinho
de toda a família!

CDs de Paulinas–COMEP utilizados nas mensagens

Código	Título	Autor
6772-5	*16 Melodias: Instrumental*	Pe. Zezinho, scj
6620-6	*18 Melodias*	Pe. Zezinho
6498-0	*Clássicos Natalinos*	VV.AA.
12385-4	*Luzes no meu caminho*	VV.AA.
11922-9	*Marquinho & Gilbert*	Marquinho & Gilbert Interpretam Fabio de Melo
11857-5	*Marquinho & Gilbert*	Marquinho & Gilbert Interpretam Vida Reluz
11981-4	*Marquinho & Gilbert*	Marquinho & Gilbert Interpretam Walmir Alencar
11983-0	*Melodias para Orar*	Maestro Luiz A. Karam
12288-2	*Na presença dos Anjos 1*	Maestro Antonio Durán
12290-4	*Na presença dos Anjos 2*	Maestro Antonio Durán
11805-2	*Peregrinações*	Maestro Antonio Durán
11869-9	*Um toque feminino*	Norma H. Rodrigues e Mariana Secondo
6854-3	*Vida e Fé*	Luiz Antônio karam

Impresso na gráfica da
Pia Sociedade Filhas de São Paulo
Via Raposo Tavares, km 19,145
05577-300 - São Paulo, SP - Brasil - 2010